AF599881

JORGE DINARÉS

MEMORIA DE LAS APARIENCIAS

JORGE DINARÉS

MEMORIA DE LAS APARIENCIAS

Prólogo
RODOLFO SERRANO

HUERGA & FIERRO editores

Diseño de Colección: Huerga y Fierro

Primera edición: 2025

C/Sebastián Herrera, 9
28012 Madrid-España
Telf.: 91 467 63 61
www.huergayfierro.com
huerga@huergayfierro.com

I.S.B.N.: 979-13-990442-7-0
Depósito Legal: M-12425-2025
Impreso en Romadac Industria del Libro
Impreso en España/Printed and made in Spain

Prólogo

La realidad y el sueño

Conocí a Jorge Dinarés hace ya algunos años. Amable y cordial, como es él, se ofreció a llevarme a un acto en Toledo organizado por Huerga y Fierro, siempre comprometidos con la difusión de la cultura. Hablamos mucho en aquel viaje. Era un día de verano luminoso y con esa emoción que tiene siempre la luz cálida de Castilla.

Aquel viaje tuvo para mí un especial significado. No sólo porque me dio la ocasión de conocer a otros músicos y poetas que habían acudido a la misma llamada, sino, porque, además, pude conocer y profundizar en la música de Jorge Dinarés, fuerte, emotiva, dura como el acero, pero tan cercana y suave como la piel que amamos.

Desde entonces he seguido su música, en la que la ironía, la ternura, ese trallazo de realidad, nada autocomplaciente, llena cada una de sus canciones. Siempre supe que en Jorge Dinarés, en su música y en su alma, estaba la voz de un poeta. Ya con su libro anterior, Fugaz, nos había demostrado el vuelo poético que habíamos visto latir en sus canciones.

Nos trae ahora esta Memoria de las apariencias, trabajo que, hasta en el título, nos introduce en la delicadeza de su poesía y que él mismo autor nos aclara al escribir: "Este poemario pretende ser una exploración de cómo nuestras percepciones y recuerdos están teñidos por ilusiones. Cada poema será una ventana a las múltiples capas de realidad, invitando al lector a reflexionar sobre la dualidad entre la apariencia y la esencia, entre la ilusión y la realidad".

Y es verdad. La poesía de Jorge Dinarés se mueve entre el sueño y lo real, entre la ilusión y la vida cotidiana, con sus maravillas y sus desastres, con su belleza, con su miedo. Pero, sobre todo, con su esperanza. Busca en nosotros ese rescoldo del recuerdo, esa dulzura con la que intentamos rescatar el tiempo pasado, la nostalgia de un momento que nos hizo admirar la vida. Y así, nos dice:

Dadme papel.
Describiré las veces
que la cité en mis sueños,
las espadas de colores
con las que me atraviesa,
todos los paraísos que hay en su cara.

Hay en su poesía una búsqueda constante de la conciencia humana. La conciencia de que nada hay que supere la grandeza de una imagen amada, de un lugar soñado, cuando un río o un monte son la expresión exacta de todo el universo, y entonces el paisaje —tan magistralmente descrito por el poeta— adquiere una hermosura que sobresalta los sentidos:

Naranjas, rojos y sombras juegan
en un espectro que canta, que ríe, que sueña.
Cada recoveco cuenta una historia,
piel milenaria, memoria secreta
encerrada en un templo del desierto.

Poesía de la vida, rica vida la que en estas páginas nos atraviesa con sus imágenes, nos envuelve en una niebla en la que, a pesar de todo, encontraremos el camino luminoso de la sencillez, de la cotidianidad, de las cosas pequeñas que, sin embargo, el poeta nos convierte en algo maravilloso y necesario.

Es la de Jorge Dinarés una poesía humanista, en la que se mueve el amor por la vida, por el hombre, y que, a veces, despunta en momentos en los que la sonrisa es inevitable. Como cuando el poeta, en la quietud de la noche, sale a la terraza, buscando en la abrumadora grandeza de un cielo cuajado de estrellas

Y te acribillan los mosquitos.
¡La realidad no da tregua!

Pero la realidad siempre da tregua, siempre esconde rincones, refugios para la esperanza. Y la esperanza está, como una bandada de gorriones, volando en la poesía de Jorge Dinarés, rompiendo la tristeza, suavizando el dolor de la pérdida, la desazón del abandono. Estremecedor el poema dedicado a Buddy:

Allá, seguro,
hay un lugar para ti,
[…]
Porque nadie
merece más el cielo,
Buddy.
¡Perrito bueno!

Y los que hemos tenido la suerte de tener alguna vez esa dulce compañía, siempre hemos creído que hay un cielo, un campo inmenso de flores y de encinas donde viven quienes, sin comprender, quizás, nuestro hastío, nuestro dolor y nuestra soledad, estuvieron con nosotros, su corazón con el nuestro, haciendo más livianas nuestras noches de insomnio.

No quiero acabar estas líneas sin subrayar la exquisita ternura con que Jorge Dinarés viste sus versos. Tan difícil de conseguir. Tan exacta y certera que ni en un solo momento roza la cursilería. Es una ternura honda que solo consiguen los grandes poetas, como él lo consigue en su increíble metáfora del desamor y algo tan cotidiano como la bolsa del Pryca. O esta otra con que cierra el poemario:

Estamos cosidos
con el hilo de la vida.
Cuidaré de ti
como si fuéramos uno.

RODOLFO SERRANO

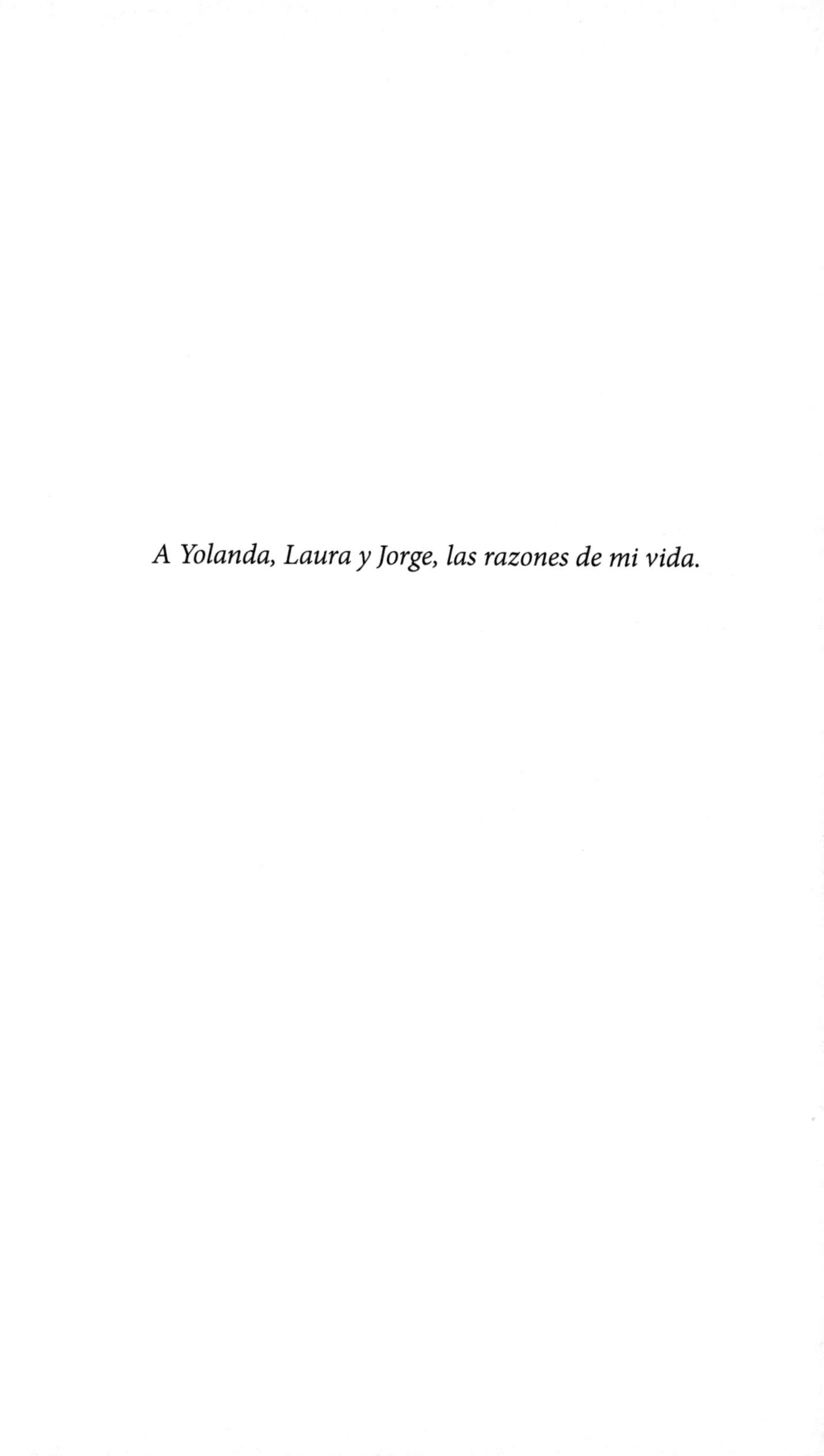

A Yolanda, Laura y Jorge, las razones de mi vida.

El ser humano está cincelado por decepciones y su reacción ante ellas.

Memoria de las apariencias: Un viaje a través de la ilusión y la realidad

En el teatro del siglo XVII, la "Memoria de las apariencias" describía detalladamente los elementos escenográficos de las representaciones teatrales, incluyendo decorados, objetos, iluminación y efectos sonoros con instrumentos y dispositivos. Estos detalles eran esenciales para crear una experiencia inmersiva, donde la combinación de elementos visuales y auditivos transportaba al público a diferentes mundos, haciendo que lo ficticio pareciera real. Estos "efectos especiales" jugaban con la percepción del espectador, utilizando técnicas como telas pintadas, iluminación creativa y trampantojos para desdibujar la línea entre la realidad y la ficción.

Este poemario pretende ser una exploración de cómo nuestras percepciones y recuerdos están teñidos por ilusiones. Cada poema será una ventana a las múltiples capas de realidad, invitando al lector a reflexionar sobre la dualidad entre la apariencia y la esencia, entre la ilusión y la realidad.

Memoria de las Apariencias invita a un viaje introspectivo, donde se exploran las múltiples facetas de la percepción humana y la complejidad de las experiencias que nos moldean. A través de sus versos, el lector será desafiado a desentrañar las verdades ocultas detrás de las apariencias, a reconocer las ilusiones que colorean nuestra realidad y a encontrar la belleza en la autenticidad de la experiencia humana.

Temas y conceptos del poemario

- *Ilusión y Realidad*: Explora cómo nuestras percepciones pueden engañarnos, cómo a veces lo que vemos no es lo que realmente existe.

- *Recuerdos y Apariencias*: Reflexiona sobre cómo los recuerdos pueden ser distorsionados, idealizados o demonizados, y cómo la memoria juega con las apariencias de lo vivido.

- *Identidad y Máscaras*: Investiga cómo las personas presentan diferentes versiones de sí mismas en distintos contextos, y cómo estas "máscaras" pueden ocultar la verdadera esencia.

- *Naturaleza y Engaño*: Describe la naturaleza, utilizando metáforas que comparen la apariencia superficial de las cosas con su realidad interna más compleja.

- *Amor y Desilusión*: Examina las apariencias en las relaciones, cómo el amor puede ser idealizado y cómo las desilusiones revelan la verdadera naturaleza de los sentimientos.

Ilusión y realidad

Nada es completamente cierto.
Cada uno elige la mentira en la que vive.

El Séptimo Día

En el más allá,
donde las sombras se desvanecen,
el alma despierta,
los recuerdos caen en cascada.

En el séptimo día nos reuniremos
y entenderemos nuestra vida.
Arrepentimientos y alegrías
enlazados en una danza cósmica.
Buscaremos la razón de nuestra fugaz estancia,
revisitaremos el ayer.

¡El Séptimo Día!
La oportunidad para la verdad,
para tomar postura,
para apreciar cada aliento al respirar
en este efímero indulto.

Conocí almas con cuentos no contados,
un enjambre de vidas, entrelazadas y audaces,
cada una un capítulo, una historia única,
una breve sinfonía de existencia.

A medida que el tiempo se desmorona
encontramos nuestro lugar
en el tapiz de la raza humana.

Abracemos el ahora,
liberemos la tristeza,
saquemos brillo al corazón.

En una breve danza,
sembráremos semillas de esperanza,
lazos de atención y cuidado.
En el Séptimo Día,
alcanzaremos la consciencia.

El nuevo despertar

Las mañanas no son como antes.
No se escuchan los cantos de los mirlos;
huyeron del jardín
cuando las hurracas devoraron sus crías
y robaron su espacio.

Hoy sólo se oyen graznidos.
¡Esas arpías no saben cantar!
Dios les privó del don y
se ensañaron convirtiéndose en hienas aladas,
como Lucifer,
¿o fue en orden inverso?

¿Causa o consecuencia?
Nunca sabremos la verdad.
La historia se escribe siempre con tinta interesada.

La banda de hurracas crece,
son ya las dueñas del jardín,
no muestran ningún respeto.

Se acercan cada vez más a la casa
y miran con descaro.
Simulan alejarse
cuando las espanto,
pero al rato vuelven
y ganan metros en el juego.
Tendré que comprar una escopeta.
O asumir lo irremediable.

Piedra

Al doblar la esquina de la vida,
te abracé
y descubrí
que eras de piedra.

Vino el virus coronado
a llevarse desvalidos
y, de paso, a algún otro.

¡Cómo puede cambiar
el mundo en un instante,
cuando la luz se apaga
de repente!

Poema reciclado

Escribo un poema en un papel y lo descarto.
De la papelera saldrá hacia no sé donde
y volverá un día a ser papel,
del que la tinta que usé formará parte.
Mis palabras estarán allí, aunque invisibles,
y servirán de soporte a otros poetas.

¡Ya ocurrió eso antes!

Hoy,
en este papel aún en blanco,
la tinta transparente me dibuja
la presencia de poemas de otras gentes.

Es todo un entramado de retales,
los pasados presentes de un poema.

Poemas invisibles

Creemos
que creamos,
que dejamos huella.

Y somos
uno de tantos pies
que pisaron esta playa.

Entre láminas de arena
yacerán para siempre
nuestros poemas invisibles.

Soneto de encargo

Que escriba este soneto me han pedido
y yo, naturalmente, me he asustado:
la métrica y la rima no han estado
entre mis preferencias, y lo admito.

Para escribir preciso más espacio
que aquel que tanta regla proporciona;
estar llevando cuentas no emociona
y el verso pareado suena rancio.

Palabras en cadena sin imagen
no creo que compongan un poema,
por más que con adornos se disfracen.

El cálculo no es piel sino cabeza;
que falte corazón es una pena.
Por Dios, hacer sonetos ¡Qué pereza!

Tiempos de agua

El futuro es la nube que nunca alcanza el suelo.
Al hacerlo, es agua; ya no es nube.

El pasado es mar.
El agua que bebimos
y la que ignoramos.

El presente es el agua que tenemos en las manos.
Podemos beberla
o dejar que se escurra entre los dedos.

Realidad

Sales a la terraza
en la quietud de la noche,
cuando todos duermen,
para observar estrellas
y buscar respuestas.

Y te acribillan los mosquitos.
¡La realidad no da tregua!

Sombras

Para que no me persigan,
dejo de huir de las sombras.
Atravieso el miedo
con paso sereno.

Visitas

Es curiosa esa facilidad vuestra
para pasearos por mi mente,
para cruzar las aceras de mi vida
sin aparente intención,
de repente,
sin ruido alguno,
y siempre, siempre
sonriendo.

Curioso el modo
en que me alegráis el día
con una fugaz visita,
para decir
que estáis ahí,
aunque hayáis muerto.

En una esquina

Nos espera la muerte en una esquina
que doblaremos un día sin consciencia,
y la suerte sin más estará echada,
y con el punto final, nada seremos

Quizá

Quizá sea tiempo ya de echarse a un lado,
de asumir que ya no quedan primaveras,
de observar todo aquello que has sembrado
en pequeños recovecos de la tierra.

De recordar aquello que has andado,
de agotar lo que queda en la despensa,
de pedir perdón por los errores,
de disculpar a aquellos que te hirieron,
de entender que la vida era un viaje
del que regresas tal como partiste,
de disolver en vino la amargura,
de lanzar al aire las cenizas,
de entregar el alma a los que amas,
de besar aun sin posar los labios,
de aceptar el camino de salida.

Quizá sea tiempo ya de echarse a un lado.

Me iré

Me iré
sin mirar atrás con ira,
sin embalar los recuerdos,
sin llorar por lo perdido,
sin que pese lo añorado.

Me iré con el sol de medianoche,
sin que cante ningún ave,
sin murmullos ni visitas.

Me iré
sin que no te des ni cuenta.

Recuerdos y apariencias

Imaginé

Imaginé tu cuerpo
como se imagina la luz en la penumbra.
A mi mente llegó
tu olor de manzana.
Sentí incluso el roce
de la seda de tus manos.

Más que un sueño, fue
un recuerdo imaginado.

La nevera y los recuerdos

La memoria es la nevera
que conserva los recuerdos.
Cuidado al abrirla;
las imágenes se transforman
al contacto con el aire.

¿Nuestros ojos han cambiado
o acaso fue todo un espejismo?

Retales

Creéis que os fuisteis,
pero no es cierto.
Estáis dentro de mí,
como si os hubiera engullido.

Llevo restos vuestros
en cada rincón de mi cuerpo.
Estoy tejido con retales
de aquello que un día fuisteis.

Paseáis por mi cuerpo a diario.
Siento vuestra presencia
en cada una de mis células,
también la de los abuelos;
a más no alcanzo.

Bendito misterio el de la genética.
Nos propagaremos
mientras podamos.

Eclipse

Espacios vacíos,
tristes estancias repletas de ausencia.

Vago por la distancia infinita
que separa la nada de aquel beso sordo,
de una mano amiga perdida en la noche.

Veo tu luz lejana,
brisa de vida olvidada,
broma curiosa
que al azar divierte.

Sueños raídos por el tiempo,
ese martillo implacable.

El libro que nunca escribimos

Y vi tu cara girándose hacia mi sorpresa,
y mis ojos lamieron tu mirada huidiza.
Nos reconocimos
a pesar de ser ya otros.

¿Qué fue de ti tras el incendio?
Las llamas no se conformaron con borrar los bosques,
quemaron el libro;
ese que nunca escribimos.

Recuerdo de Arenas

Visité el lugar de paredes blancas,
el rincón perdido, añorado pueblo.
Once años por dos mil historias
aposté en tus calles.

Los restos de fachadas mustias,
los quejidos de los que ya se fueron,
la plazuela. La misma agua
en la vieja fuente de caños dorados.

Las cuestas esperando el paso
de aquel niño en su bicicleta
de regreso a casa desde el charco verde,
ese que bañó por siempre mi universo.

Buddy

Allá,
en el cielo,
en ese cielo de cuento,
en el cielo que hasta hoy
nos traía sin cuidado.

Allá, seguro,
hay un lugar para ti,
para tu dulce cara,
para tu estampa color canela,
para tu lealtad infinita.

Porque nadie
merece más el cielo,
Buddy.

¡Perrito bueno!

A la vora del riu

Olor a sucre cremada
rumor de riu
textura de llum apagada
tardor d'estiu.
Mosquits que'm buscan la cara
y a terra un niu.
¿On estara el pare?
Busca'l si encara és viu.

A la orilla del río

Olor a azúcar quemado
rumor de río
textura de luz apagada
otoño de verano.

Mosquitos que me buscan la cara
y en el suelo un nido.
¿Dónde estará el padre?
Búscalo si aún vive.

Moll del portal

En els comiats,
aquell portal era molt més
que l'entrada de la casa.
Era una estada que poblava
de gotes salades les nostras caras.
Un moll silenciós
amb tímids mocadors a l'aguait.

Els avis van ser primer,
la mare i el pare anys després.
Avui, ja només ell.

Qui em dirà adeu demà?

Portal muelle

En las despedidas
aquel portal era mucho más
que la entrada de la casa.

Era una estancia que poblaba
de gotas saladas nuestra cara.
Un muelle silencioso
con tímidos pañuelos al acecho.

Los abuelos fueron primero
mi madre y mi padre años después
Y hoy, ya sólo él.

¿Quién me dirá adiós mañana?

Identidad y máscaras

Sigo despierto.
Antes de hacerme mayor,
ya habré muerto.

La voz del mudo

Balbucea mi mente.
Ella, ante mí a dos metros,
yo, sin palabras.
Dadme papel y un corte
y escribiré con sangre
lo que mis cuerdas temen.

Dadme papel.
Describiré las veces
que la cité en mis sueños,
las espadas de colores
con las que me atraviesa,
todos los paraísos que hay en su cara.

¡Dadme papel, deprisa!
Se desvanece,
y no me quedan venas
para esperarla.

Baño placentero
(Oda al nirvana uterino)

Sentí mi cuerpo disolverse
en un sueño turquesa,
la mente, desnuda,
mostrarse sin manchas,
como pulpa de plátano verde.

Sumergido en aquel mar,
se rindieron los fantasmas,
se perdieron las cadenas,
se murieron los relojes.

Acompañado por mí,
amparado por la Madre,
volví, por un instante,
a gozar en su placenta.

Velocidad en la noria

Siento
que voy más rápido que el tiempo,
más rápido de lo que preciso,
más de lo que merezco.

Siento que corro en una cinta
que me trae de vuelta al lugar de partida.

No entiendo
que hago en esta noria de agua,
como un burro.

Cuanto más me esfuerzo,
más consigo,
y menos de mí queda.

Solitud

A pesar del ruido
aquella noche
en aquel restaurante de costa,
no conseguía ver a nadie.

Rodeado de gente,
ni yo mismo me acompañaba.

Lobo viejo

Salió de su guarida el lobo viejo,
desafiando su estatus de ignorado.

Rascándose el hocico cabizbajo,
se vio a sí mismo como el fruto
que cae del árbol y se pudre.

Se encomendó a Dios;
el diablo nunca se ocupó de hacer favores.

"Quizá haya brotes allí fuera.
Quizá haya luz en algún lado"

Salió de su guarida el lobo viejo,
y la última gota de su aliento
la dio sin fe, pero sin dudas,
para dar sentido a su existencia.

Embestida

Esquivé el paso del tiempo
y los cuernos de la muerte
rozaron mi pecho.

Pero una tarde gris
me embistió el toro senil.
Fue una cornada cruel;
aún me desangro poco a poco.

Habitante

Habito en tu cuerpo,
recorro tus venas a cada minuto.
Llevo toda la vida en ti,
escondido en el hueco que se abre
cuando tu corazón se encoge.

Habito en tu cuerpo,
como un siervo agradecido
por recibir cobijo
en tu trozo de cielo.

Víbora

Tengo una sonrisa
para cada una de tus burlas,
y un saco de perdones
para todos tus insultos.

Oídos no tengo
para tus exabruptos,
ni tiempo para el odio
la ira y la venganza.

Cuando tu lengua negra
me lance sus dardos
y ya no sea sensible a tu veneno,
vanidosa,
me darás por muerto.
Será el consuelo
por no poder ser tú
mi asesina.

Y esa mentira te quemará por dentro.
Y sufrirás que te sienta inofensiva.

No es que quiera ignorarte por despecho,
simplemente es que estoy
en otra cosa.

Terapia

Siento ese vacío en mi vientre,
ese vacío infinito,
ese hueco abismal.
No sé quién soy ahora,
cómo he llegado hasta aquí,
dónde me lleva el destino.

Soy un papel en el suelo,
una brizna de hierba que el aire mueve a su antojo,
un cuerpo sin energía.

Busco papel y lápiz.
Es buen momento para mi terapia.
Y escribo,
y escribo,
llenando el vacío con palabras.

Maduros

Me encanta ver a los maduros
darse magreos en las calles,
ver que aún tiene espacio la inconsciencia,
que no se rinden las hormonas.

Manifiesto

Me sorprende que la gente
no comprenda mi actitud
y desdeñe la virtud
de sentirse adolescente.

El niño que nos persigue
nunca de mí estuvo lejos
Prefiero ir así, de pibe,
que almacenando complejos.

Y si alguien considera
que mi proceder no es serio,
no puedo más que añadir:
"Peor sería vivir
sin sentir pasión alguna
acumulando fortuna
camino del cementerio."

No me rindo
(Resiliencia)

Mis células se deshacen,
cansadas de tanto viento.

"No abandonéis el barco!!!
Cobardes.
Quedaros aquí conmigo,
erguidas,
con buena cara.
Que nadie sepa que estamos groguis,
desolados,
pero sólo por dentro.

No miremos al rincón,
sigamos encajando,
desafiantes, sin miedo.
Rompámosle los puños al tiempo
aunque tengamos el rostro
encendido por los golpes".

Ya no hay dolor.
No siento nada.
Que sea
lo que tenga que ser.

Naturaleza y engaño

Cuanto más bella es una flor,
más duele verla marchitarse.

Shirakawa-go 15-Agosto-2018

Ejércitos de pinos
en formación, uniformados,
protegen tus parajes.
Entro en ti
a través de las montañas,
de tus tripas.

Por la carretera
que pespuntea tu piel,
paso de la noche al día
a ritmo intermitente.

Un río teñido de wasabi
bajo un desafiante puente.
El fundido en negro de otro túnel.
La luz al fondo.
Y más paredes verdes.
Un río estrecho corriendo entre piedras
y una cascada presumida a su izquierda.

Ya en tu aldea,
el verde dorado del arroz
combate con el ocre de tus casas.
Las nieves
limpiaron tus tejados en su huida.

El cielo no sabe
si llorar
o saludarme.

Bryce Canyon

Sagradas familias de Huddus.
La lluvia deshizo las montañas.
Los cedros abatidos por Dios
luchan por mantenerse en pie,
muestran su orgullo navajo.
Un bosque de desnudos troncos,
ennegrecidos por los rayos,
y al fondo, otro árbol despeinado.

¿Dónde están los indios?
Su espíritu escondido nos observa
desde la Reina y el Águila,
cimas de un glorioso pasado.

Zion Park

En el camino, algunas laderas sangran carbón.
El río Virgen es una culebra encajada en sus paredes.
Sin quejarse, su fondo soporta cansado
los pies de los curiosos.
Miles de pisadas tímidas:
pocas expertas,
muchas torpes,
todas intrusas.

Siempre sucede que alguna piedra
se rebela y descabalga a un inocente.
Por las dudas.
Para aclarar quién manda;
que dejarse pisar no significa aceptar la derrota.

Horse Shoe Bend

Donde el río se gira
para ver quien le persigue,
creando con su agua la herradura.

Un quiebro imposible,
una imagen imborrable
desde el balcón
de Horse Shoe Bend.

Monument Valley

En un desierto de cine
se erigen catedrales de piedra.
Compactas resisten a siglos de fuego,
furibundos soplidos del cielo
y torrentes caprichosos.

Obstinadas tempestades han esculpido sus siluetas:
el Pulgar, las Monjas, el Camello...

Alguien un día nombró esas imágenes
y etiquetó para nosotros su recuerdo.

Antelope Canyon

En el corazón Navajo,
bajo un cielo infinito,
se esconde un laberinto,
un santuario esculpido con arrugas de piel pétrea.

Antelope Canyon
susurro ancestral, donde las paredes bailan,
donde el tiempo y el viento han tallado su romance.

Los rayos del sol, como dedos de luz,
se filtran por las grietas, tocando el suelo
y en cascada dorada descienden,
besando curvas arenosas.

Naranjas, rojos y sombras juegan
en un espectro que canta, que ríe, que sueña.
Cada recoveco cuenta una historia,
piel milenaria, memoria secreta
encerrada en un templo del desierto.

Y mientras el mundo afuera sigue girando,
en un rincón de la tierra, donde el tiempo se olvida,
Antelope acepta desnudar
su belleza a los intrusos.

Otoño vital

El paisaje consume sus colores,
vira hacia el blanco y negro,
y las hojas huyen de los árboles
cansadas del viento de la noche.

Un león agota sus fuerzas
una mañana fría en la sabana,
su vergüenza quedó herida
por un joven ambicioso.

Otoño vital.
El amor aún está en juego.
Otoño vital.
Manténme lejos del miedo y del dolor.

La nave parece perdida
en algún rincón del espacio.
¡Cuanto te echamos de menos Mayor Tom!
Tú sabrías como traernos de vuelta.

Río de leche de luna

Bajo la roca callada
donde el silencio ha vencido al eco
fluye un río de albura,
un hilo de nácar en el subsuelo.

Leche de Luna,
blanco susurro de antiguos dioses,
torrente perdido
en grietas oscuras de refugio eterno.

Dicen que cubre con bruma y encanto
a aquel que se atreve a mirar su reflejo,
que oculta las huellas y teje caminos
de hadas y brujas, de sueño y olvido.

Océano blanco en el vientre del monte,
cinta de espuma en sombras bañadas
de luz derramada en sus cauces sagrados.
Brillo de astros se esconde en su seno.

Pozo de siglos dormidos.
Río imposible, vivo y sagrado.
Secreto guardado con candado eterno.
El mundo entero ignora tu nombre.

Los mares

Los mares son así.
Cambian fácilmente de estado de ánimo.
Hay días que te acunan como a un bebé,
Y días en que quieren arrancarte el alma.

No les digáis que hablo mal de ellos;
reventarían de ira.

Amor y desilusión

Se nos acabaron las palabras.
Evitamos las miradas con ahínco.
El tarro de la miel quedó vacío.

Historia de dos mitades
(Para Julia y Eduardo)

Nacieron como mitades
sin la suerte de un hermano
y crecieron esperando
la mitad que no venía.
Julia lo hizo soñando
con un chico alto y serio
con cierto aire de misterio
que vino a llamarse Eduardo.
Y él, con su justo empeño,
comprendió en un instante
que ya tenía bastante
cuando ella lo eligió.

Vida de dos mitades
unidas desde el principio
ignorando precipicios,
despreciando veleidades.
Hijos únicos nacidos
para hacerse compañía
con tal suerte y simpatía
que ya no volvieron nunca
a probar la soledad.

Nacieron como mitades
y como mitades se fueron:

Eduardo se fue primero
y Julia, por no dejarlo,
dispuso de lo preciso
y así, sin pedir permiso,
ni siquiera despedirse,
se marchó a medianoche.
¡No quería vernos tristes!

Eran dos partes de un todo
encontradas felizmente
y cuando ese milagro ocurre
con eso ya es suficiente.
Historia de dos mitades
con su lazo hasta el extremo.
Más por amor que acomodo
fueron dos con tanto celo.

Amanecer

Con su canto me desvela el sol de junio
a esas horas en que cuesta ya dormirse.
Abro el ojo y te encuentro aquí a mi lado
con la mente aún perdida entre los sueños,
y doy gracias por tener el privilegio
de poder recomenzar así mis días.

Poema a la mort de la mare

Com al sol d'hivern
que ha vingut aquet mati a acomiadar-te,
el fred ens guanya.

Com el sol d'hivern,
Roser, serem valents
La llum del teu somriure ens acompanya.

Poema a la muerte de la madre

Como el sol de invierno
que ha venido esta noche a acompañarte,
nos vence el frio.

Como el sol de invierno
Roser, seremos valientes.
La luz de tu sonrisa nos abraza.

El tiempo

Despierto en la cama,
juego a desenredar
las raíces de maleza que pueblan mi mente,
mientras tú, a mil kilómetros,
duermes junto a mí.

Ansío tu cuerpo sin reclamarlo.
Hoy también me negaré a abrazarte;
evitaré el fósforo del rechazo.

La culpa es del tiempo
que seca corolas
y aplasta paciencias.

El desamor y las bolsas de Pryca

Cargas en ellas lo que has comprado.
Son frágiles.
Tienes la sensación de que el plástico cederá
y todo tu cargamento caerá al suelo.
¿Cómo han podido cobrarte nada por esa basura?
No parece estar hecha para aguantar tanto peso,
pero tú confías en que no se rompa.
Sigues andando, aunque notas que su material cede,
que puede romperse,
y aun así, sigues esperando que resista.

Finalmente, se quiebra y la carga cae al suelo,
litros de recuerdos esparcidos.
Te quedas con el asa en la mano, paralizado,
en medio de la calle, sintiéndote observado,
vacío,
viendo como todo tu bagaje se desliza hacia la alcantarilla.
Y te preguntas,
¿por qué confié todo en esa bolsa?

Zozobra

Te llamo.
Tras varios intentos,
consigo oír tu voz al otro lado del teléfono.
Me hablas a zarpazos
como a un enemigo.
No importa el asunto,
suena a pelea.

Tras un intercambio de frases,
te despides
como lo harías de un vecino,
con extraña educación,
con nulo sentimiento,
como una estalagmita de hielo,
como un menhir relleno de agravios.

Y sigue zozobrando nuestro barco.

Seguimos juntos

Seguimos juntos
porque callamos a tiempo
cuando el verbo violento
se asomó a nuestra mente.

Y no me arrepiento.
Estamos cosidos
con el hilo de la vida.
Cuidaré de ti
como si fuéramos uno.

Índice

ILUSIÓN Y REALIDAD

RECUERDOS Y APARIENCIAS

IDENTIDAD Y MÁSCARAS

NATURALEZA Y ENGAÑO

AMOR Y DESILUSIÓN

Esta obra
se acabó de imprimir
con los auspicios de
Charo Fierro y
Antonio J. Huerga, editores

FINIS CORONAT OPUS